Nᶜ 105.

CATALOGUE

DES LIVRES

DE FEU

M. DAZINCOURT.

CATALOGUE
DES LIVRES
DE FEU
M. DAZINCOURT,

Artiste du Théâtre Français, et Directeur
des Spectacles de la Cour.

La Vente se fera le lundi 8 Mai et jours
suivans, à cinq heures de relevée, en sa
maison, rue de Richelieu, n°. 24.

Le Catalogue se distribue

A PARIS,

Chez MM. {
De Bure, père et fils, Libraires de la
Bibliothèque Impériale, rue Serpente,
n°. 7 ;
Bonnefons, Commissaire-Priseur,
rue des Jeûneurs, n°. 7.

DE L'IMPRIMERIE DE TESTU, IMPRIMEUR DE
L'EMPEREUR.

1809.

CATALOGUE

DES LIVRES

DE FEU

M. DAZINCOURT,

Artiste du Théâtre Français, et Directeur des Spectacles de la Cour.

~~~~~~~~

1 LE Nouveau Testament, grec, latin et français. *Mons*, 1673, 2 vol. *in*-8. m. n.   6. – 5.

2 Dictionnaire de la Bible (par Chompré). *Paris*, 1765, *in*-12, v. m. = Les Confessions de Saint-Augustin, trad. par Arnauld d'Andilly. *Paris*, 1761, *in*-12, v. m.   3.

3 Libri quatuor de Imitatione Christi. *Parisiis*, *Didot*, 1788, *gr. in*-4. v. éc. Pap. Vél.   16. 65.

4 Pensées de Pascal sur la Religion. *Paris*, 1787, *in*-12, v. m. = La Théologie naturelle de Raymond Sebon. *Paris*, 1569, *in*-8. v. f.   2. 75.

5 La Religion des Mahométans, traduite de   5.
~~~~~~~~

Réland (par David Durand). *La Haye*, 1721, *in-12*, fig. v. m.

6 Le Droit public de l'Europe, fondé sur les traités, par Mably. *Paris*, 1776, 2 vol. *in-12*, v. m. = OEuvres philosophiques et politiques de Hobbes. *Neufchâtel*, 1787, 2 vol. *in-8*. cart.

7 Collection des Moralistes anciens. *Paris*, *Didot*, 1782, 16 vol. *in-18*, v. rac. Pap. Vél.

8 Morale de Jésus-Christ et des Apôtres. *Paris, de l'imp. de Didot l'aîné*, 1790, 2 vol. *in-18*, v. rac. Pap. Vél.

9 Les livres classiques de l'empire de la Chine, recueillis par le père Noël, et publiés par l'abbé Pluquet. *Paris, de l'imp. de Didot*, 1784, 7 vol. *in-18*, v. rac. Pap. Vél.

10 Traité élémentaire de morale et du bonheur (par J. Z. Paradis de Raymondis). *Paris*, 1795, 2 vol. *in-18*, v. rac. Pap. Vél.

11 Les Caractères de Théophraste et de la Bruyère, avec les notes de Coste. *Amsterd.* 1754, 2 vol. *in-12*, v. m. = Soliloque par Shaftesbury, trad. de l'anglais par Sinson. *Paris*, 1771, *in-8*. v. m.

12 La Fable des Abeilles, ou les fripons devenus honnêtes gens. *Londres*, 1750, 4 vol. *in-12*, v. m.

13 Eraste, ou l'Ami de la Jeunesse, par Filassier. *Paris*, 1803, 2 vol. *in-8*. v. m.

7. M H. ho+

11. mH. c+

12. M t.

13. MH. _

21. Mt.

14 Recueil des testamens politiques du Car=
dinal de Richelieu, du Duc de Lorraine,
de Colbert, etc. *Amst.* 1749, 4 vol *in-12,*
v. m.   3 - - 5.

15 OEuvres diverses de physique et de mé-
canique, de Cl. et P. Perrault. *Leide,* 1721,
2 tom. en 1 vol. *in-*4. fig. v. b.

16 Histoire du galvanisme, par M. Sue. *Pa-
ris,* 1802, 2 vol. *in-*8. br.   4 - 80.

17 Histoire naturelle de Buffon, classée par
ordres, par Castel. *Paris, an VII,* 41 vol.
*in-*18, v. rac. fig. color.   96 - - 5.

18 Le Théâtre d'agriculture et ménage des
champs, par Olivier de Serres. *Paris,* 1804,
*in-*4. br. tom. 1.   4 - 25.

19 Le Bon Jardinier, par M. de Launay.
Paris, 1807, *in-*12, br. = Manuel du Na-
turaliste (par MM. Duchesne et Macquer).
Paris, 1774, *in-*8. cart.   1 - 65.

20 Histoire des animaux d'Aristote, en grec
et en français, trad. par Camus. *Paris,*
1783, 2 vol. *in-*4. br.   12 - 70.

21 Mélanges d'histoire naturelle, de physique et de chimie (par M. P. Thouvenel)
Paris, 1806, 3 vol. *in-*8. br.   7 - - D.

22 Les Aphorismes d'Hippocrate (trad. par
Jean Devaux). *Paris,* 1726, 2 vol. *in-*12,
v. m. = La Physionomie humaine de J. B.
Porta. *Rouen,* 1655, *in-*8. fig. v. b.   2 - 95.

23 Splanchnologie, ou l'anatomie des vis-   2 - 5.

cères, par R. Croissant de Garengeot. *Paris*, 1742, 2 vol. *in*-12, v. m. = Cours gastronomique, où les Dîners de Manant-Ville. *Paris*, 1809, *in*-8. br. avec une carte.

4 - 15   24 De la Peste, ou époques mémorables de ce fléau, et les moyens de s'en préserver, par Papon. (*Paris*), *an VIII*, 2 vol. *in*-8. br.

17 - 25   25 Dictionnaire de Chimie, par Cadet. *Paris*, 1803, 4 vol. *in*-8. demi-rel.

9 - 20   26 Essai sur la théorie des torrens et des rivières, par Fabre. *Paris*, 1797, *in*-4. fig. br.

2 - 65   27 Histoire du canal du Midi, par François Andréossy. *Paris*, *an VIII*, *in*-8. br.

15 - —   28 Elémens de perspective pratique, par P. H. Valenciennes. *Paris*, *an VIII*, *in*-4. fig. br.

3 - —   29 L'Usage des Globes, par Bion. *Paris*, 1710, *in*-8. fig. v. b. = La Gnomonique, par Rivard. *Paris*, 1746, *in*-8. v. m.

20 - —   30 Principes élémentaires de musique, par les membres du Conservatoire. *Paris*, *de l'Imp. du Conservatoire de Musique*, *an VIII*, 2 vol. *in-fol.* br.

11 - —   31 Méthode de chant du Conservatoire de Musique. *Paris*, *an XII*, *gr. in*-4. br.

1 - 50   32 Chant national du 14 juillet 1800, etc. poëme de Fontanes, musique de Méhul. *Paris*, *an VIII*, *in-fol.* br.

og. Mt.
40. Mt.

33 Méthode de clarinette, par X. Lefevre.   6 _ 10.
   Paris, an XI, gr. in-4. br.
34 Essai sur le perfectionnement des beaux-
   arts, par les sciences exactes. *Paris*, 1803,   } 5 _ 6o.
   2 vol. *in-8.* demi-rel.
35 L'Esprit de l'Encyclopédie. *Paris,* 1768,
   5 vol. *in-12*, v. m.
36 Le Musée Français, publié par Robillard-   1204.
   Peronville et Laurent. *Paris*, 1803, 66 li-
   vraisons *in-fol.* fig. form. atl. br. Pap. Vél.
37 Œuvre d'Elisabeth-Sophie Chéron. *Petit*   5 _ 5.
   in-fol. fig. v. b.
38 Collection de têtes d'expressions, gravées   3.
   par Tassaert. *In-fol.* Nos 1 et 2, br.
39 Recueil d'estampes d'après Leclerc, Callot
   et autres. 1 vol. *in-4.* demi-rel.
40 Les Misères et les malheurs de la guerre,   } 25 _ 95.
   par J. Callot. *Paris*, 1633, *in-4.* obl. = La
   Vie de l'Enfant Prodigue, et autres pièces,
   par le même. *In-4.* obl. v. br.
41 Fleurs dessinées d'après nature, par G.   25 _ 5.
   Van-Spaendonck. *In-fol.* fig. br. Nos. 1 à 6.
42 Lycée, ou Cours de Littérature ancienne   73.
   et moderne, par la Harpe. *Paris, l'an VII,*
   19 vol. *in-8.* demi-rel. et br.
43 Comenii Janua linguarum reserata, quiu-   2 _ 6o.
   que linguis. *Amst.* 1661, *in-8.* v. b. = Sy-
   nonymes latins, par Gardin Dumesnil. *Pa-*
   ris, 1777, *in-12*, bas.
44 Hermès, ou Recherches philosophiques   1.

sur la grammaire universelle, traduit de Jacq. Harris, par Fr. Thurot. *Paris, an IV, in*-8. br.

4 - 5   45 Dictionarium latino-gallicum (auct Joan. Boudot). *Parisiis,* 1755, *in*-8. v. m.

2 - 95   46 Dictionnaire de Synonimes Français, (par de Livoy). *Paris,* 1767, *in*-8. v. m.

4 - 50   47 Dictionnaire de Rimes, par P. Richelet, revu par Berthelin. *Paris,* 1781, *in*-8. bas.

48 Dictionnaire comique, satirique, etc. par Phil.-Jos. le Roux. *Amsterdam,* 1750, *in*-8. m. bl.

2 - 95   49 Les Œuvres d'Hesiode, trad. par Gin. *Paris,* 1785, *in*-12, v. m. = Satyres de Perse et de Juvenal, trad. par le P. Tarteron. *Paris,* 1729, *in*-12, v. b.

6 - - -   50 Les Poesies d'Anacréon, trad. en français, avec le texte grec, *Paris,* 1754, 2 vol. *in*-18, m. r.

2 - 5   51 Les Olympiques de Pindare, trad. par de Sozzi. *Paris,* 1754, *in*-12, v. m. = Les Œuvres d'Horace, trad. par le P. Tarteron. *Paris,* 1738, 2 vol. *in*-12, v. m.

19 - 15   52 Théâtre des Grecs, par le P. Brumoy, nouv. édit., publiée par MM. de Rochefort et du Theil. *Paris,* 1785, 10 vol. *in*-8. cart.

3 - 60   53 Titi Lucretii Cari de rerum naturâ lib. sex. *Parisiis, Coustellier,* 1744, *in*-12, v. m.

50. chr Lab.

54 L'Anti-Lucrece de Polignac, trad. par de
Bougainville. *Paris*, 1749, 2 vol. *in-8.*
v. m.

55 Les Géorgiques de Virgile, trad. en vers
français, par Jacq. Delille. *Kehl*, 1784,
in-8. v. m.

56 L'Enéide, trad. par Jacq. Delille. *Paris*,
1804, 4 vol. *in-8.* br.

57 L'Enéide, trad. en vers par M. J.-Hyac.
Gaston. *Paris*, 1803, 3 vol. *in-8.* br.

58 Les Comédies de Plaute, trad. par Gueu-
deville. *Leide*, 1719, 10 vol. *in-12*, fig.
v. m.

59 La Callipédie, par Cl. Quillet, trad. en
français. *Paris*, 1774, *in-12*, v. m. —
Epigrammata Joan. Oweni. *Amstelod.
apud Elzevirios*, 1647, *in-18*, v. b.

60 Le Parnasse des plus excellens Poëtes de
ce temps. *Paris*, 1618, 2 vol. *in-12*, v.
f. l. r.

61 Nouveau recueil des Epigrammatistes
français, par Bruzen de la Martinière.
Amst. 1720, 2 vol. *in-12*, v. b.

62 Le Fablier Français. *Paris*, 1771, *in-12*,
v. m. = Essai de Fables nouvelles, par
Didot fils aîné. *Paris*, 1786, *in-12*, v. éc.
Pap. Vél.

63 Recueil d'Epitaphes, (par de la Place).
Bruxelles, 1782, 3 vol. *in-12*, dem. rel.

3..20. 64 Les Satyres et autres Œuvres de Regnier.
Londres, 1729, *in*-4. v. m.

4.—5. 65 Œuvres de Chaulieu. *Paris*, 1774, 2 tom.
en 1 vol. *in*-8. bas. = Poésies diverses,
par le Roi de Prusse. *Berlin*, 1760, *in*-4.
v. m.

5..15 66 Poésies de Madame et de Mademoiselle
Deshoullières. *Bruxelles*, 1745, 2 vol. *in*-12,
v. rac. = L'Homme des Champs, par Delille. *Strasbourg*, 1800, *in*-12, dem. rel.

3..15 67 Fabulæ selectæ Fontanii in latinum con-
versæ, à Joan. B. Giraud. *Rothomagi*,
1775, 2 vol. *in*-8. br.

9..95 68 Les Œuvres de Boileau Despréaux. *Paris*,
1740, 2 vol. *in*-4. v. éc.

4.—69 Œuvres de Boileau. *Paris*, 1768, 3 vol.
in-12, v. m.

5..40. 70 Œuvres poétiques de Boileau Despréaux,
avec des notes de Ponce-Den. Ecouchard
le Brun. *Paris*, 1808, *in*-8. br. = L'Art
de Peindre, Poëme, par Watelet. *Paris*,
1760, petit *in*-8. fig. v. éc.

2..80. 71 Paris Ridicule, par Petit; la Rome Ridicule, par de St. Amand; Madrid Ridicule.
Poëmes. *In*-12, bas.

7.—72 La Henriade de Voltaire, avec les Va-
riantes, pour l'éducation de M. le Dauphin.
Paris, P. *Didot*, 1790, *in*-4. cart.

73 Œuvres de Gresset. *Amst.* 1787, 2 vol. *manque*
3..40. *in*-12, bas. = Œuvres complettes de Ber-

79. Mt.

nard. *In-*18, v. éc. = Les Jardins, par Delille. *Paris*, 1782, *in-*18, v. j.

74 Les Bains de Diane, ou le Triomphe de
l'Amour, Poëme, (par M. Desfontaines).
Paris, 1770, *in-*8. fig. v. m. = Choix de
Chansons, à commencer de celles du Comte
de Champagne, Roi de Navarre, etc. *Paris*, 1755, *in-*8. v. éc.

75 Historiettes, ou Nouvelles en vers, par
Imbert. *Amst.* 1774, *in-*8. fig. v. éc. — Le
Jugement de Pâris, Poëme, par le même.
Amst. 1777, *in-*8. v. m.

76 Histoire Universelle des Théâtres, (par
l'Abbé Coupé, MM. Testu Desfontaines et
Lefuel de Mericourt). *Paris*, 1779, 24
vol. *in-*8. br.

77 Histoire du Théâtre Français, par Par-
fait. *Amst.* 1735, 15 vol. *in-*12, v. m.

78 Histoire du Théâtre Français, par C. G.
Etienne, et A. Martainville. *Paris*, 1802,
4 vol. *in-*12, dem. rel.

79 Bibliothèque du Théâtre Français depuis
son origine, par le Duc de La Vallière.
Dresde, 1768, 3 vol. *in-*8. v. m.

80 Anecdotes dramatiques, (par Clément et
De la Porte). *Paris*, 1775, 3 vol. *in-*8.
v. m.

81 Costumes des grands théâtres de Paris.
4 vol. *in-*8. fig. v. m.

82 Seize années de l'almanach des spec-

tacles, depuis 1778. *Paris*, 16 vol. *in-18*, rel. et br.

29--5. 83 Théâtre de P. Corneille avec les Commentaires de Voltaire. *Genève*, 1774, 8 vol. *in-4*. fig. v. m.

70 --- 84 Œuvres de P. Corneille, avec les Commentaires de Voltaire. *Paris*, *P. Didot l'aîné*, 1801, 12 vol. *in-8*. cart.

2..10. 85 Six tragédies de P. Corneille, retouchées pour le théâtre. *Paris*, 1802, *in-8*. br. = Elémens de critique dramatique, trad. de l'angl. de Coxe, par Aubin. *Paris*, an 8, *in-8*. demi-rel.

22..5. 86 Œuvres de Molière. *Paris*, 1770, 8 vol. petit *in-12*, v. éc.

61.--10 87 Œuvres de J. B. Poquelin de Molière. *Paris*, *Didot l'aîné*, 1791, 6 vol. *in-4*. cart. Pap. Vél.

5--30. 88 Œuvres de J. Racine. *Paris*, 1779, 3 vol. *in-12*, v. m.

11..-- 89 Œuvres dramatiques de J. Racine. *Paris*, 1796, *in-4*. v. f.

D. 4--50 90 Théâtre classique, ou Esther, Athalie, etc. commenté et publié par Roger. *Paris*, 1807, *in-8*. v. rac.

5--95 91 Théâtre de Boursault. *Paris*, 1746, 3 vol. *in-12*, bas.

7--5. 92 Théâtre de Hauteroche. *Paris*, 1736, 3 vol. *in-12*, v. b.

90. Mt.
91. Mtt. 6+

94. MH. x+

96. MH. am+
97. MH. e+

101. MH. b+

104. MH.

93 Œuvres de Regnard. *Paris*, 1770, 4 vol. *in*-12, v. j.

94 Le Théâtre de Baron. *Paris*, 1759, 3 vol. *in*-12, v. m.

95 Œuvres dramatiques de Crébillon. *Paris*, 1796, *in*-4. v. f.

96 Théâtre de Dancourt. *Paris*, 1760, 12 vol. *in*-12, v. m.

97 Œuvres de La Chaussée. *Paris*, 1762, 5 vol. *in*-12, v. m.

98 Œuvres dramatiques de Destouches. *Paris*, 1774, 10 vol. *in*-12, v. éc.

99 La Folle Journée, ou le Mariage de Figaro, comédie, par Beaumarchais. *Paris*, 1785, *in*-8. fig. v. m. dent. Grand Pap. Vél.

100 La Folle Journée, ou le Mariage de Figaro, par de Beaumarchais. *Paris*, 1785, *in*-8. br. = Les Templiers, tragédie, par M. Raynouard. *Paris*, 1805, *in*-8. br.

101 Théâtre de société, par Collé. *Paris*, 1777, 3 vol. *in*-12, v. m.

102 Théâtre de M. Cailhava. *Paris*, 1781, 2 vol. *in*-8. v. m.

103 Le Parleur contrarié, comédie, par M. de Launay. *Paris*, 1807, *in*-8. m. vert, Pap. Vél. = L'Un pour l'Autre, comédie, par le même. *Paris*, 1805, *in*-8. bas.

104 Mémoire d'Hyppolite Clairon. *Paris*, an 7, *in*-8. v. porph. = Etudes sur Mo-

lière, par Cailhava. *Paris*, 1802, *in*-8.
dem. rel.

6--5 { 105 Mémoires pour Marie-Franç. Dumesnil, en réponse à mademoiselle Clairon.
Paris, an 7, *in*-8. br.
106 Mémoires pour Henri-Louis Lekain, publiés par son fils. *Paris*, 1801, *in*-8. br.

7 - - - 107 Théâtre des Boulevards. *Mahon*, 1756,
3 vol. *in*-12, v. m.

5 - - 15 . 108 Les Apropos de Société, ou Chansons,
(de M. Laujon.) 1776, 3 vol. *in*-8. dem.
rel.

14 - - - 109 Les Diners du Vaudeville. *Paris*, an V,
9 vol. *in*-18, dem. rel.

9 - - 5 . 110 Mes Passe-Temps, Chansons, par J. Est.
Despreaux. *Paris*, 1807, 2 vol. *in*-8. br.
= L'Année Champêtre, Poëme, par P. N.
And. Murville. *Paris*, 1808, *in*-8. br.

6 - - 95 { 111 La Jérusalem Délivrée, en vers français,
par Baour-Lormian. *Paris*, 1796, 2 vol.
in-8. dem. rel.
112 La Lusiade de Louis Camoens, (trad.
par de la Harpe). *Paris*, 1776, 2 vol. *in*-8.
fig. cart.

4 - - - 113 Ossian, fils de Fingal, Barde du 3e. sié-
cle, poésies Galliques, trad. par Letour-
neur. *Paris*, an VI, 7 v. *in*-18, bas.

6 - - 5 . 114 Le Paradis perdu de Milton, trad. par
Mosneron. *Paris*, 1788, 2 vol. *in*-8. v. m.

105. Mt.

106. Mt.

117. Mt.

121. Mt.

123. Mt.

115 Dictionnaire de la Fable, par Chompré. *Paris*, 1778, *in*-12, v. m.

116 Lettres à Emilie sur la Mythologie, par M. de Moustier. *Paris*, 1786, 3 vol. *in*-8. br.

117 Œuvres de Rabelais. *Amst.* 1711, 5 vol. *in*-12, m. r.

118 Nouveaux Contes à rire. *Cologne*, 1702, *in*-12, fig. v. b. = Histoires plaisantes et ré-créatives, en allmand et en français. 1714, *in*-12, bas.

119 Les Amours pastorales de Daphnis et Chloé, trad. de Longus, par Jacq. Amyot. *Londres*, 1779, *in*-12, fig. m. r. = Amours de Théagenes et Chariclée, hist. éthiopique, trad. d'Héliodore. *In*-8. fig. v. b.

120 Angélique et Jeanneton, par Pigault Lebrun. *Paris*, l'an VII, 2 vol. *in*-12, dem. rel. = Atala, ou les Amours de deux Sauvages, par Franç. Aug. de Châteaubriand. *Paris*, 1801, *in*-18, dem. rel.

121 Les Aventures de Caleb Williams, par Will. Godwin, (trad. par G. Garnier). *Paris*, l'an IV, 2 tom. en 1 vol. *in*-8. v. m.

122 Les Aventures de Télémaque, par Fenelon. *Amsterdam*, 1761, *in*-12, fig. bas. = Les Aventures comiques d'Ant. Varnish. *Paris*, 1788, 2 vol. *in*-12, v. m.

123 Les Barons de Felsheim, par Pigault-Lebrun. *Paris*, an VI, 4 vol. *in*-12, dem. rel.

6 - - - 124 Caroline de Lichtfield, par Me de Montholieu. *Londres*, *Cazin*, 1787, 2 vol. *in-*v éc. = Lettres de Ninon de Lenclos. *Londres*, 1782, 2 vol. *in-*18, m. r.

4 - — 125 Les Cent Vingt Jours, par Pigault-Lebrun. *Paris*, 1800, 4 vol. *in-*12, dem. rel.

3 - — 126 Charles, ou Mémoires hist. de M. de la Bussière, par M. Liénart. *Paris*, 1803, 4 vol. *in-*12, v. m. dent.

13 - — 127 La Fable de Psyché, figures de Raphael. *Paris*, 1802, *in-*4., fig. cart. Pap. Vél.

9 - 25 128 La Folie Espagnole, par Pigault-Lebrun. *Paris*, 1801, 4 vol. *in-*12, dem. rel. = L'Enfant du Carnaval, par le même. 2 vol. *in-*12, dem. rel.

2 - 90 129 Frédegonde et Brunéhaut, roman hist. par Monvel. *Paris*, 1775, *in-*8. bas. = Pièces de théâtre en vers et en prose. 1770, *in-*8. v. m.

15 - 5 130 Histoire de Cleveland, (par l'abbé Prévost). *Londres*, 1777, 6 vol. *in-*12, v. éc.

10 - — 131 Histoire de Gil-Blas, par le Sage. *Paris*, 1732, 4 vol. *in-*12, fig. v. m.

5 - — 132 Histoire de Guzman d'Alfarache, par le Sage. *Maestricht*, 1777, 2 vol. *in-*12, v. m.

17 - 95 133 Histoire de Miss Clarisse Harlove, (trad. de Richardson, par Prévost). *Londres*, 1751, 12 vol. *in-*12, fig. v. m.

6 - 20 134 Histoire du Chevalier Grandisson, (trad.

de Richardson, par Prévost). *Amsterd.*
1777, 4 vol. *in-12*, v. m.

135 Jérôme. *Paris*, 1805, 4 vol. *in-12*, br. 4 -- 20.

136 Mémoires d'un Homme de Qualité, (par
l'abbé Prévost). *Paris*, 1756, 8 vol. *in-12*,
v. m. 18 -- 20.

137 Les Mères Rivales, par Mad. de Genlis.
Paris, *l'an IX*, 4 vol. *in-12*, demi-rel. 5 -- 50.

138 Mirza et Fatmé, conte indien. *La Haye*,
1754, *in-12*, v. f. = La Mort d'Abel, poëme
par Gessner, trad. par Huber. *Paris*,
1762, *in-12*, v. m. 2 -

139 Mon Oncle Thomas, par Pigault Lebrun. *Paris*, 4 vol. *in-12*, demi-rel. 5 -- 50.

140 Monsieur Botte, par Pigault Lebrun.
Paris, 1803, 4 vol. *in-12*, demi-rel. 6 -- 5.

141 Numa Pompilius, par M. de Florian.
Paris, *Didot l'aîné*, 1786, *in-8.* v. rac.
Pap. Vél. 3 -- 15.

142 Paméla, ou la vertu récompensée (trad.
de Richardson par Prevost). *Londres*, 1742,
4 vol. *in-12*, v. m. 8 -- 5.

143 Les Petits Emigrés, par Madame de
Genlis. *Hambourg*, 1798, 4 vol. *in-18*,
demi-rel. 3.

144 Le Roman Bourgeois, par Ant. Fure-
tiere. *Amsterd.* 1714, *in-18*, fig. m. r.
= La Vie de Marianne, par Marivaux.
Amsterd. 1756, 2 vol. *in-12*, v. m. 6 -- 15.

145 Le Temple de Gnide (par Montesquieu).

10 - --
Londres, *in*-8. fig. v. m. = Pyrame et Thisbé, scène lyrique, par Delarive. *Paris*, *Didot*, 1784; *in*-18, br. Pap. Vél.

146 Tom-Jones, ou l'Enfant Trouvé, imité de Fielding, par de la Place. *Paris*, 1784, 4 vol. *in*-18, m. r.

7 - - - 147 La Vie et les Aventures de Robinson Crusoé (trad. de Dan. de Foé, par Van-Effen et Saint-Hyacinthe. *Neufchâtel*, 1776, 2 vol. *in*-12, fig. bas.

15--5 148 Traduction libre d'Amadis de Gaule, par de Tressan. *Paris*, 1780, 2 vol. *in*-12, v. éc. = Histoire du Chevalier du Soleil (trad. par M. de Tressan). *Paris*, 1780, 2 vol. *in*-12, v. éc.

12 - - - 149 Les principales aventures de Don Quichotte, trad. de Michel Cervantes. *Paris*, 1774, 2 vol. *in*-8. fig. v. éc.

2--95 150 Le Conte du Tonneau, trad. de Jonat. Swift (par Van Effen). *La Haye*, 1732, 2 tom. en 1 vol. *in*-12, fig. v. m. = Essais de Critique sur les Ecrits de Rollin, sur les trad. d'Hérodote, etc. par Bruzen de la Martinière. *Amsterd.* 1740, *in*-12, v. m.

1--50 151 Tableau Historique des Gens de Lettres. *Paris*, 1767, 6 vol. *in*-12, demi-rel.

1--50 152 L'Alambic Littéraire, ou Analyses raisonnées des Ouvrages modernes; par M. Grimod de la Reynière. *Paris*, 1803, 2 vol. *in*-8. demi-rel.

153

148. Mt.

154. Mt.

158. MH.

153 Pétrone, lat.-franç. (trad. par Nodot). 4 . . 15.
  1709, 2 vol. *in-12*, fig. v. f.

154 Recueil des plus illustres Proverbes, par 19 . 5. D.
  Jacq. Lagniet. *Paris*, *in-4*. fig. v. b.

155 Essais de Montaigne, avec les notes de 20 . . 15.
  Coste. *Londres*, 1771, 10 vol. *in-12*, v. éc.

156 Œuvres de la Motte. *Paris*, 1754, 11 9 . . 80.
  vol. *in-12*, v. m.

157 Œuvres de Montesquieu. *Amst.* 1758, 17.
  3 vol. *in-4*. v. m.

158 Œuvres de Voltaire. *Kehl*, 1785, 70 vol. 500.
  in-8. fig. v. éc.

159 Œuvres de J.-J. Rousseau. *Kehl*, de 87 . . 5.
  l'imprimerie de la Société Typographi-
  que, 1783, 34 vol. *in-12*, v. j.

160 Œuvres choisies de Dorat. *Paris*, 1786,
  3 vol. *in-12*, v. j.
                                              } 11 . . 95.
161 Œuvres complètes de l'abbé de Mably.
  Lyon, 1792, 12 vol. *in-8*. br.

162 Œuvres du Marquis de Villette. *Londres*, 10.
  1786, *in-18*, m. bl.
  Imprimé sur papier d'écorce de tilleul.

163 Œuvres posthumes de Marmontel, con- 4 . . 5.
  tenant ses Mémoires. *Paris*, 1804, 4 vol.
  in-12, br.

164 Œuvres de Valentin Jamerai Duval.
  St. Pétersbourg, 1784, 2 vol. *in-8*. br.
                                              } 4 . . 85.
165 Œuvres mêlées de Ph. Fr. Naz. Fabre
  d'Eglantine. *Paris*, l'an XI, 2 vol. *in-12*,
  dem. rel. = Œuvres mêlées et posthumes de
                      B

153 Double 1736, 2 vol. v. b. — — — — 3 . 75.

158 Voltaire De palmot, 55 vol. dem. rel. — — 106.

Fabre d'Eglantine. *Paris*, l'an XI, *in-*8.
demi-rel. 2 tom. en 1 vol. = Poësies de Clo-
tilde, publiées par Vanderbourg. *Paris*,
1803, *in-*8. dem. rel.

10.--20. 166. Œuvres de M. Palissot. *Paris*, 1788, 4
vol. *in-*8. v. m.

1.--50. 167 Fragmens à la manière de Sterne,
trad. par Melinet. *Paris*, an 8, *in-*12, br.
= Mémoires de Marie-Elisabeth Joly, par
N. F. V. F. Dulomboy. *Paris*, an VII,
*in-*12, br. Pap. Vél.

7.-- 168 Œuvres posthumes de Frédéric II, Roi
de Prusse. *Berlin*, 1789, 15 vol. *in-*12,
dem. rel.

1.--50. 169 Œuvres mêlées du Comte de Tilly. *Berlin*, 1803, *in-*8. v. m. = Œuvres de Madame de Gouge. *Paris*, 1788, *in-*8. v. m.

11.--20 170 Œuvres de Pope, trad. en français. *Amsterdam*, 1767, 8 vol. *in-*12, fig. v. éc.

4.--5. 171 Cours de Cosmographie, de Géographie,
etc. par Mentelle. *Paris*, 1800, 3 vol. *in-*8.
dem. rel.

17.-- 172 Recherches sur la Géographie systéma-
tique et positive des anciens, par P. F. J.
Gosselin. *Paris*, an VI, 2 vol. *in-*4. fig. cart.

6.--5. 173 Voyage de France, d'Espagne, de Por-
tugal et d'Italie, en 1729, (par de Sil-
houette). *Paris*, 1770, 2 vol. *in-*8. v. m.

174 Voyage de Fléchier, en Auvergne. *Paris*,
l'an IV, *in-*18, fig. v. éc. = Voyage de Cha-

170. Mt.

172. Mt.

pelle et Bachaumont. *Paris*, l'an IV, *in*-18, fig. v. éc. = Principes de Géographie, par Lemoine. *Paris*, 1784, *in*-12, bas.

175 Voyage dans le Finistère, en 1794 et 95, (par de Cambry). *Paris*, an VII, 3 vol. *in*-8. fig. br.

5.

176 Les Voyageurs en Suisse, par Lantier. *Paris*, 1803, 3 vol. *in*-8. dem. rel.

5.

177 Voyage en Espagne, par M. de Langle. *Paris*, 1803, *in*-8. br. = Voyage à Cayenne et chez les Anthropophages, par Louis-Ange Pitou. *Paris*, 1805, 2 vol. *in*-8. br.

178 Voyages et Découvertes dans l'intérieur de l'Afrique, par le Major Houghton et Mungo-Park. *Paris*, an VII, *in*-4. fig. cart.

5 -- 95.

179 Voyage dans la Basse et la Haute Egypte, par M. Vivant Denon. *Paris*, 1802, 3 vol. *in*-12, dem. rel.

9 -- 20.

180 Histoire critique des Dogmes et des Cultes, depuis Adam jusqu'à Jésus-Christ, par Jurieu. *Amsterd.* 1704, *in*-4. v. b.

2 -- 80.

181 Histoire des Juifs, trad. de Joseph, par Arnauld d'Andilly. *Paris*, 1700, 2 vol. *in*-4. v. br.

4 - 50.

182 Abrégé Chronologique de l'Histoire des Juifs, (par Charbuy). *Paris*, 1759, *in*-8. v. m. = Abrégé de l'Histoire Romaine, trad. de Goldsmith. *Paris*, 1801, *in*-8. bas.

4 - 60.

183 Histoire des Empires et des Républi-

8.

ques, par Guyon. *Paris*, 1736, 12 vol.
in-12, v. m.

45 - 10. 184 Voyage du jeune Anacharsis en Grèce,
par Barthélemy. *Paris*, 1788, 7 vol. *in*-8.
et atlas, v. j.

4 - - - 185 Abrégé de l'Histoire de la Grèce, (par
Bernard). *Paris*, an VII, 2 vol. *in*-8. cart.

6 - 5. { 186 La Cyropédie, trad. du grec de Xéno-
phon, par Charpentier. *Paris*, 1660, *in*-
fol. v. b.

187 Les Décades de Tite-Live, trad. par du
Ryer. *Paris*, 1653, 2 vol. *in-fol.* v. b.

3 - 5 188 Appian Alexandrin des guerres des Ro-
mains, trad. par le Seigneur des Avenelles.
Paris, 1579, *in-fol.* bas.

2 - 5 189 Les Impératrices Romaines, par de Ser-
viez. *Paris*, 1758, 3 vol. *in*-12, v. m.

30 - - - 190 Figures de l'histoire romaine d'après les
dessins de M. de Mirys. *Paris*, an 8, 15
cahiers *in*-4. br. Pap. Vél.

12 - - - 191 Nuova raccolta de 100 vedute di Roma,
da Domen. Pronti. *Roma*, *in*-4. br.

3 - 35. 192 Conjuration des Espagnols contre Ve-
nise, par Saint-Réal. *Paris*, 1788, *in*-18,
v. porph. = Aphorismes politiques de
Harrington, trad. de l'angl. *Paris*, an 3,
in-18, v. porph.

5 - - - 193 Dictionnaire universel de la France,
(par Cl. M. Saugrain). *Paris*, 1726, 3
vol. *in-fol.* v. m.

194 Statistique de la France : Départemens
de la Moselle, du Doubs, de la Lys, de
l'Indre, des Deux-Sèvres, de Rhin et Moselle. 6 vol. *in-folio*, en feuilles.   9--10.

195 Histoire de France avant Clovis, par
Laureau. *Paris*, 1786, *in-12*, v. porph.
Pap. Vél. = Histoire de France, par Vel-
ly, Villaret et Garnier. *Paris*, 1755,
30 vol. *in-12*, v. m.   44.

196 Histoire des guerres des Gaulois et des
Français en Italie, par Jos. Servan. *Paris*,
1805, 5 vol. *in-8*, br. et *atlas fol.*   24.

197 Journal de Henri III et de Henri IV,
par de l'Estoile. *Paris*, 1744, 9 vol. *in-8.*
v. m.

198 Mémoires pour servir à l'histoire de
France, (par de l'Estoile). *Cologne*, 1719,
2 vol. *in-8*, v. br.   42..10.

199 Mémoires d'État, contenant ce qui s'est
passé sous la régence de Marie de Médi-
cis, etc. *Paris*, 1666, *in-12*, m. v. = Journal historique, ou Fastes du règne de
Louis XV. *Paris*, 1766, 2 vol. *in-8.*
v. m.   3..95.

200 Mémoires du Duc de La Rochefoucauld.
Cologne, 1664, *in-12*, v. f. = Pensées du
Duc de La Rochefoucauld. *Paris*, 1765,
in-12, v. m.   4..65.

201 Recueil des Rois de France, par Du Til-
let. *Paris*, 1618, *in-4*. v. f. = Tablettes histo-   3..5.

200 mém^{es} de la Rochefoucault, m. br. ------ 8.

riques des Rois de France, (par Dreux du Radier). *Paris*, 1766, 2 vol. *in-12*, v. m.

13.-95 202 Le Pour et Contre, Recueil complet des opinions prononcées à l'assemblée conventionnelle, dans le procès de Louis XVI. *Paris*, l'an 1er. 7 vol. *in-8*. cart.

6.-5 203 Description historique de l'Hôtel Royal des Invalides, par l'abbé Perau. *Paris*, 1756, *in-fol.* fig. cart.

4.-30. 204 Histoire des pêches, des découvertes et des établissemens des Hollandais dans la mer du Nord, par Bern. de Reste. *Paris*, 1791, 3 vol. *in-8*. fig. br.

4.-20 205 Angleterre ancienne, où Tableau des mœurs, etc. des anciens Bretons, trad. de Jos. Strutt, (par M. Boulard). *Paris*, 1789, *in-4*. fig. cart.

2.-- 206 Histoire de Pierre-le-Grand, Empereur de toutes les Russies. *Amsterd.* 1742, *in-4*. v. br.

3.-55. 207 Mémoires secrets sur la Russie, (par Masson). *Paris*, 1800, 2 vol. *in-8*. demi-rel.

4.--- 208 Histoire de l'Empire Ottoman, par Mignot. *Paris*, 1771, *in-4*. v. m.

9.45 209 Description de l'Archipel, trad. du flamand d'O. Dapper. *Amst.* 1703, *in-fol.* fig. v. m.

40.-- 210 Histoire philosophique et politique du commerce des Européens dans les deux

207. th. Deb.

Indes, par G. Th. Raynal. *Genève*, 1780, 5 vol. *in-*4. v. éc.

211 Description générale de la Chine, par Grosier. *Paris*, 1785, *in-*4. v. éc.   6 - 95

212 Précis historique de la dernière expédition de Saint - Domingue, par A. P. M. Laujon. *Paris*, *in-*8. v. éc.   2 . 30

213 Choix de Costumes civils et militaires des peuples de l'antiquité, dessiné, gravé, et rédigé par N. X. Willemin. *Paris*, 1798, *in-fol.* veau rac. Papier Vélin.   99 - 95

214 Recueil de sculptures antiques, grecques et romaines. 1754, *in-*4. fig. m. bl.   16 - 5

215 Histoire Littéraire des Troubadours (par Millot). *Paris*, 1774, 3 vol. *in-*12, bas.   4 - 20

216 Bibliothèques Françaises de la Croix du Maine et de Duverdier, revues par Rigoley de Juvigny. *Paris*, 1772, 6 vol. *in-*4. v. f.   18

217 La France Littéraire (par les abbés d'Hébrail et de la Porte). *Paris*, 1769, 3 vol. *in-*8. demi-rel.   2 - 5

218 Le Journal des Savans (par Hédouville, Sallo, etc.) depuis 1665 à 1789, et tables, 109 vol. *in-*4. v. b.   122

Il manque les années 1680, 1682, 1781, 1782 et 1787.

219 Bibliothèque Française, par M. Pougens. *Paris*, 1800, 11 vol. *in-*12, br.

220 Mémoire de Littérature, par Sallengre. *La Haye*, 1715, 4 vol. *in-*12, v. m.   3 - 30

6—40. 221 Mémoires Historiques, littéraires et critiques de Bachaumont. *Paris*, 1808, 2 vol. *in-8*. br.

11.—95. 222 Mercure de France. Années 1782—1789, 78 vol. *in-12*, demi-rel.
Il manque l'année 1786.

6.— 223 Le Point du Jour (par Barrere). *Paris*, 1790, 18 vol. *in-8*. demi-rel.

25.—5 224 Les Actes des Apôtres. *Paris*, 20 vol. *in-12*, bas.

4.—15 225 Vies de Solon et de Publicola. *Paris*, 1748, *in-12*, v. m. = Essai sur la Vie de Sénèque (par Diderot). *Paris*, 1779, *in-12*, bas.

226 La Vie de Socrate, par Charpentier *Amsterd.* 1699, *in-12*, v. f. = Vie du Chancelier de l'Hôpital (par Levesque de Pouilly). *Paris*, 1764, *in-12*, demi-rel.

5.—55 227 La Vie de Jules-César, par de Bury. *Paris*, 1758, 2 vol. *in-12*, v. m.

228 La Vie de Mahomet, par Jean Gagnier. *Amsterd.* 1732, 2 vol. *in-12*, v. f.

28.—10 229 Œuvres de Brantome, *Londres*, 1779, 15 vol. *in-12*, v. m.

6.— 230 Les Illustres François, ou Tableaux historiques des Grands Hommes de la France, par M. Ponce, d'après les dessins de Marillier. *Paris*, *in-fol.* fig. en feuilles.

240. Mt.

231 Galerie historique des Hommes les plus
célèbres, par C. P. Landon. *Paris*, 1805,
5 vol. *in*-12, br. Les tom. 4 à 8.

232 Portraits des Hommes Illustres. *Leide*,
1757, *in-fol.* fig. br.

233 Galerie Française, ou Portraits des hommes et des femmes célèbres de France, par
Restout. *Paris*, 1771, *in-fol.* fig. v. m.

234 Vie du Cardinal Duc de Richelieu. *Cologne*, 1696, 2 vol. *in*-12, v. f. = La Vie
de Philippe d'Orléans, régent. *Londres*,
1737, 2 vol. *in*-12, v. m.

235 Vie de Bossuet, par de Burigny. *Paris*,
1761, *in*-12, v. m. = Nouvelle Vie de M.
de Fénélon. *Paris*, 1788, *in*-12, demi-rel.

236 Vie privée du Maréchal de Richelieu
(par Faur). *Paris*, 1791, 3 vol. *in*-8.
demi-rel.

237 Histoire des Philosophes modernes, par
Savérien. *Paris*, 1762, 3 vol. *in*-12,
v. m.

238 Eloges historiques composés pour la société Médicale de Paris, par M. Alibert.
Paris, 1806, *in*-8. m. cit. dent.

239 Précis de la vie de M. de Bonnard, par
M. Garat. *Paris*, 1785, *in*-18, v. m.

240 Notice historique sur Préville, par M.
Dazincourt. *Paris, an VIII, in*-8. m. vert.
dent. Pap. de Holl.

241 Vie de Franç. Pétrarque. *Paris*, *in-8*. bas.

242 Mémoires du Baron de Trenck. *Paris*, 1789, 3 vol. *in-8*. v. j.

243 L'Année la plus remarquable de ma vie, par Kotzbue. *Paris*, 1802, 2 vol. *in-8*. demi-rel.

244 Vie du Capitaine Cook, trad. de l'anglais de Kippis. *Paris*, 1789, 2 vol. *in-8*. cart.

245 Dictionnaire historique et critique, par Bayle. *Amsterdam*, 1740, 4 vol. *in-fol*. v. b.

F I N.

Lot de 11 portraits. 3 fr 10.

Le lundi 8 Mai.

Les Nᵒˢ. . . . . $\left\{\begin{array}{l}164 \text{ à } 208.\\218 - 245.\\209 - 217.\end{array}\right\}$ 876 . 15 .

Le Mardi 9.

Les Nᵒˢ. . . . . $\left\{\begin{array}{l}111 \text{ à } 154.\\82 - 110.\\155 - 163.\end{array}\right.$ 1476 . . 85 .

Le Mercredi 10.

Les Nᵒˢ. . . . . $\left\{\begin{array}{l}43 \text{ à } 81.\\1 - 42.\end{array}\right.$ 2156 . . 55 .

4509 . 55